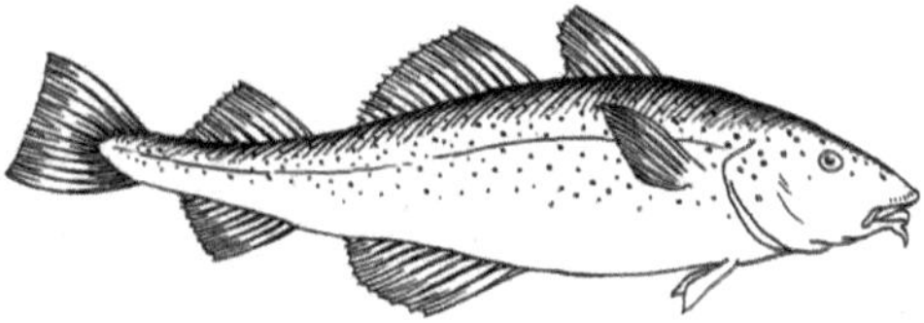

Leander Sukov

# Die Alternative wäre Dorsch gewesen

Geschichten und Gedichte

Kulturmaschinen

Zweite Auflage
Juni 2020

Kulturmaschinen Verlag
Ein Imprint der Kulturmaschinen Verlag UG
(haftungsbeschränkt)
20251 Hamburg

Die Kulturmaschinen Verlag UG
(haftungsbeschränkt) gehört
allein dem Kulturmaschinen Autoren-Verlag e. V.
Der Kulturmaschinen Autoren-Verlag e. V. gehört
den AutorInnen.
Und dieses Buch gehört der Phantasie, dem Wissen
und der Literatur.

Hinterlegt in BoD (Libri)

978-3-96763-045-9 (Kart.)
978-3-96763-046-6 (Geb.)
978-3-96763-047-3 (ePUB)

*Ich widme dieses Buch Ivana Hoffmann,
die im Kampf der Kurden gegen den
faschistischen ‚Islamischen Staat' fiel.*

# Inhalt

*Geschichten vom Windkraftunternehmer Altmann, der in einem Zugabteil Erster Klasse bei der Fahrt durch den Bahnhof Hamburg-Harburg aus der Welt verrückt wurde.*



*Gedichte.*

*Zwei Texte unklarer Art und die Geschichte von Eleonore Klappfuß, die Sachen machen kann.*

# Geschichten
# vom Windkraftunternehmer Altmann,
# der in einem Zugabteil Erster Klasse
# bei der Fahrt durch den
# Bahnhof Hamburg-Harburg
# aus der Welt verrückt wurde.

# Altmann und der Sinn der Dinge

Altmann verlor die Beziehung zur Gegenwart, als der Zug den Bahnhof Hamburg-Harburg verließ. Der Verlust geschah plötzlich und völlig unvorhergesehen. Er kündigte sich nicht an, es fiel nichts vor, das Altmann hätte als sonderliche Begleitung der Sache interpretieren können, Blitze vor den Augen etwa oder ein Dröhnen in den Ohren, auch lief kein Zittern durch seinen Körper. Altmann ging der Bedeutungen, der Beziehungen zum Gegenwärtigen, dem Wissen um Sachen und dem Verstehen der Dinge, ihres Sinnes auch und ihres Nutzens verlustig, als hätte es gar keinen Verlust gegeben, als wären die Fragen, die sich nun aufwarfen, auftürmten, aufbergten, Fragen ganz allgemeiner, üblicher Art, als wären sie, zumindest von ihm, schon immer gefragt worden und als stünden zwar noch die Antworten aus, jedoch waren die Fragen auch derart, dass er, Altmann, annahm, mit den Antworten sei irgendwann, eher früher als später, zu rechnen.

Und dennoch wusste Altmann: Es war anders. Er wusste es, weil er spüren konnte, dass sich sonst niemand die Fragen stellte, die sich nun, kurz hinter Hamburg-Harburg, zwangsweise, zwangshandelnd mag man sagen, ihm aufdrängten wie Teppichverkäufer. Weshalb gab es diese merkwürdigen Fahrzeuge, von denen er die Mechanik, aber nicht den Sinn kannte? Weshalb befand er sich in diesem Zug und warum waren die Abteile derart gestaltet, wie sie gestaltet waren? Was wollte er auf der Konferenz in der Hansestadt? Warum war es sein Bestreben, Windkraftanlangen zu verkaufen? Aus welchem Grunde hatte er ein Zuhause in Darmstadt und wieso befanden sich in diesem Zuhause – ja, was war das überhaupt, ein Zuhause, eine Heimat, ein Ort, Fleck, Lebensmittelpunkt – eine Frau und ein Kind? Zu welchem Zweck heiratete man, wozu zeugte man Leben? Von allen Dingen, von allen Akten kannte er den Ablauf, die Mechanismen, das zum Ingenieurswesen Gehörende und so weiter. Er wusste, wie Windkrafträder funktionierten, aber nicht, warum es sie gab. Er wusste alles Notwendige über Verbrennungsmotoren, aber nicht den Grund ihrer Existenz. Weshalb waren sie erfunden worden? Was hatte Carl Benz und Otto Daimler bewogen, die innovative Leistung zu erbringen, Benzinmotoren und Kraftfahrzeuge zu entwickeln? Was die Gebrüder Wright, von der Erde abzuheben? Wo lag der Antrieb für James Watt, die Dampfmaschine zu verbessern? Wo war der Sinn ihrer Innovationen? Weshalb hatte die Gesellschaft, und warum überhaupt gab es sie, die Gesellschaft, die Institution Ehe geschaffen? Warum besaß er, Altmann, ein

Kraftfahrzeug. Aus welchem Grund hatten die Frau in dem Zuhause und er geheiratet? Gab es einen Grund für die Zeugung des Kindes, also für die Erschaffung von Leben in einer absichtlichen Handlung – er konnte sich nicht besinnen. Es kam ihn alles fremd an.

Altmann blickte aus dem Fenster. Der Zug fuhr jetzt am Hamburger Hafen vorbei. Er stand auf, nahm seinen Laptopkoffer von der Gepäckablage und stellte ihn neben sich. Hunderte Male schon hatte er kurz vor dem Einlaufen von Zügen in Bahnhöfe sein Gepäck heruntergenommen und neben sich gestellt, rechtzeitig, um nicht in Eile zu verfallen, wie es manchen geschah, die erst während des schon begonnenen Bremsvorganges ihr Gepäck herunterhangelten. Die Frage aber war: Weshalb besaßen Leute, auch er, einen tragbaren Rechner; zu welchem Zweck gab es überhaupt Rechner? Jahrtausende lang war es ohne Rechner gegangen. Auch ohne Schrift, ohne Algebra, ohne Kleidung. Altmann zog das Jackett aus. Dann die Hose. Die anderen Passagiere sahen schweigend zu, bis er sich auch der Unterhose entledigte. Dann erst protestierten sie gegen die Unbekleidetheit seines Körpers. Altmann aber verstand nicht, was es daran auszusetzen gab, keine Kleidung zu tragen. Ein Mitarbeiter des Bahnunternehmens eilte herbei. Hastig, aufgeregt, hilflos. Altmann spürte diese Hilflosigkeit des Mannes und folgte um so bereitwilliger den Anweisungen der Aufsichtsperson, um deren Panik und Ratlosigkeit nicht zu vergrößern. Man schob Altmann in ein leeres Abteil. Als der Zug zum Stehen gekommen war, eilten Polizeibeamte herbei. Altmann bemühte sich, höflich zu bleiben, um die allgemeine Aufgeregtheit nicht anzuheizen. Sich wieder zu bekleiden lehnte er jedoch strikt ab. Im Krankenhaus führte man die üblichen Eingangsuntersuchungen durch, brachte ihn in die Aufnahmestation, sedierte ihn später, obwohl das nicht nötig war, denn er war ja nicht nervös oder gar von Hysterie ergriffen und ließ ihn dann schlafen. Als er erwachte, fast zwölf Stunden später, war seine Frau bereits an seinem Bett. Auch hatte sie ihm schon eine Unterbringung in einer Klinik in Darmstadt besorgt. Das hatte einige Mühe gekostet, war schließlich jedoch gelungen, weil Altmanns bekannt waren in der Stadt, die Unternehmerfamilie Altmann, in allerhand wohltätigen Vereinen engagiert, oft Teil der wohlwollenden Berichterstattung der regionalen Presse. Das hatte, Frau Altmann wusste um ihren Einfluß, schließlich geholfen, in kurzer Zeit eine Lösung zu finden. Die Frau hielt Altmanns Hand. Altmann sagte nichts. Er überlegte, ob er die Frage stellen sollte, die ihn angesichts seiner Ehefrau umtrieb, kam dann zu dem Schluß, es könne hilfreich für ihn sein, Antworten zu erhalten und fragte also, laut und akzentuiert, wie ein Schauspieler auf einer Bühne, in die Stille des Zimmers hinein: Weshalb haben wir geheiratet?

# Altmann. Ein Morgen.

Licht. Es überwand die Barriere der Lider und fiel in Altmanns kommoden Albtraum ein. Altmann bemerkte sein Erwachen während des Vorganges, sozusagen voran gehend, aber zurückgewandt. Er schwang sich auf, setzte die Füße auf den kühlen Boden, hielt den Oberkörper sonderbar gerade, just so, als wolle er dem Tag aufrecht gegenübersitzen, hielt aber die Augen noch geschlossen. Verweilte so eine Zeitlang, zweidreivier Minuten vielleicht, vielleicht auch fünf und öffnete erst dann die Augen. Das Zimmer. Der Blick aus dem Fenster, der Blick auf die eigenen Füße, auf die Haare, die aus der Haut der großen Zehen wuchsen, der Blick zur Wand, die ihm fremd war. Da schon war ihm alles zuwider.

In Darmstadt, in der Klinik, da hatte er sich auf eine sonderbare Weise heimisch gefühlt, aufgenommen, angekommen, wie man leichtfertig solche Zustände nennt. Er hatte herumgelegen, die Schwestern hatten ihm Frühstück, Mittag, Kuchen zur Kaffeezeit, Abendessen auch gebracht. Den Gang hinunter, vor dem Schwesternzimmer hatte Wasser gestanden in zwei Kästen, der eine, immer der leerere, mit stillem, der andere, dem nicht so häufig zugesprochen wurde, mit Sprudel. Altmann trank kohlsäurehaltiges Wasser lieber als stilles. Es schien ihm mehr Biss zu haben. Er hatte an Kursen von zweifelhafter Natur teilgenommen, hatte Servietten auf Gläser geklebt und Serviettenstückchen auf Fotokarton zu Bildern arrangiert, er hatte mit Schatten geboxt und war, sich mit Stöcken abstoßend durch einen kleinen Wald marschiert, er hatte seinen Körper im Wasser bewegt und allerlei anderen Sport betrieben. Ganz so, wie es von ihm gewünscht wurde, um zu einem Behandlungserfolg zu gelangen. Äußerlich bereitwillig erscheinend nahm er an Einzel- und Gruppensitzungen teil, sprach über dies und das, tat es mit gut geschulter Leidenschaft und Eloquenz. Er versagte aus taktischen Gründen sich alle Fragen nach der Bedeutung der Dinge, nach dem Grund seiner Ehe, nach dem Sinn, für weitere Menschen gesorgt zu haben, fragte jedoch, nicht zu häufig allerdings, ob man ihm und also sich erklären könne, warum es zu so einem Zusammenbruch gekommen war. Er witterte die Fallen in den Gesprächen mit den Psychiatern und Psychologen, absolvierte die standardisierten neurologischen Untersuchungen mit Vitalität und geheucheltem Interesse. Sein einziges wirkliches Interesse aber lag darin, die Klinik bald möglichst zu verlassen und einen langsamen Zermürbungskampf gegen seine Frau zu beginnen, die er dahin bringen wollte, ihn zu verlassen, denn dass er sie verließe, das spürte er – dazu fehlten ihm Kraft und Mut. Der Mut mehr noch als die Kraft, wie er sich eingestand. Denn es hätte ein Gespräch von Grundsätzlichkeit geben müssen, eines, in dem man hart zu bleiben hätte, um die Trennungsoperation erfolgreich durchzuführen. Altmann wusste: Er würde dabei versagen. Nicht versagen würde er vermutlich dabei, seine Frau Stück für Stück in die Verzweiflung zu treiben, bis sie Reißaus nahm, das Kind an der Hand. Selbstverständlich würde er den Umzug zahlen und zur Not auch die Kaution für eine Wohnung und die ersten Mieten. Solange sein Plan nur aufging.

Die Frage freilich, weshalb es Wohnungen brauchte, Wohnungen in festen Häusern, Wohnungen wie sie hierorts üblich waren, weshalb man Kraftfahrzeuge fuhr und in Flugzeugen flog, weshalb man auch bei angenehmen Temperaturen Kleidung trug und weshalb man sich band, Familienclans schuf, Kinder zeugte, ja regelrecht plante – diese Fragen blieben ihm offen. Sie zu stellen, war unmöglich. Man lief Gefahr nicht aus dem Klinikum herauszukommen. Altmann hatte damit gerechnet, nach Hause entlassen zu werden und mit der Zersetzung seiner Ehe beginnen zu können. Indes – seine Frau hatte auf Anraten der Ärzte einen Urlaub gebucht. Eine Fahrt an die Ostsee, nach Eckernförde. Natürlich für die ganze Familie. Dann aber war, kurz vor Altmanns Entlassung, das Kind an Masern oder Mumps oder sonst einer Kinderkrankheit leidend geworden. Er, Altmann, aber solle fahren. »Da beißt die Maus keinen Faden ab«, wie seine Frau zu sagen pflegte, wenn etwas wie geplant durchgezogen werden sollte, auch wenn die Lage eine Revision der Entscheidung eigentlich zwingend notwendig machte.

Nun also saß er allein im Hotelzimmer, blickte auf die Ostsee und es war ihm alles zuwider.

# Altmann und die Weite des Meeres

Altmann saß vor der Scholle. Er wischte den Speck mit der Gabel von der Haut des hingeschiedenen Plattfisches neben die Kartoffeln. Einen Moment lang wähnte er, ein Fischer zu sein, ein frühzeitlicher Fänger, der mit dem Speer regungslos im Wasser steht und wartet, bis ein Fisch, groß genug muss der sein, um erfolgreich aufgespießt zu werden, in die Reichweite der Waffe gerät. Aber dieser Gedanke verflog, wie die Spatzen verfliegen würden, die auf dem Marktplatz nun, nach Ende des Marktes, an den Resten pickten. Alles Scheiße. Alles Dreck. Altmann zuckte zusammen. Da denkt es wieder in mir, dachte er. Es gibt zwei Ebenen von Gedanken, vielleicht sogar noch weitere, unergründete. Jene Gedanken, von denen er, Altmann, glaubte, sie würden mit Mut und Willen von ihm gedacht werden und jene, die plötzlich erscheinen, diese schimpfenden, zeternden Gedanken, die ihm unrecht waren, weil er es als ungerecht empfand, sie denken zu müssen. Ich bin noch nicht übern Berg, dachte er mutwillig. Ich bin noch nicht übern Berg.

Er trennte das weiße Fleisch des Fisches von der Gräte, aß mit Bedacht, schob sich eine Kartoffel zwischen die Kiemen, trank einen Schluck Bier, aß ein Stückchen toten Fisch, aß tote Kartoffel, trank Gebrautes, erinnerte sich an den Gestank der Brauerei, die unweit der Wohnung der Großeltern in Hamburg gelegen hatte. Dachte: Hamburg. Dachte: Hamburg-Harburg. Dachte: Parkplatz, Zugfenster, Parkplatz, Autos. Dachte: Warum gibt es all die Dinge? Wer sind wir, all die Dinge zu schaffen? Aß Fisch, aß Kartoffel. Dachte: Evolution. Dachte: Man kann nichts machen. Es ist halt so. Hätte anders sein können. Mensch als Tier. Tierisch. Altmann überlegte einen Moment, ob er sich entkleiden solle. Er dachte es gewollt, als Denksport und kam zu dem Schluß, dass es eine Restriktion gegen das Entkleiden in der Öffentlichkeit gab, wenn man nicht einen Raum aufsuchte, in dem man sich öffentlich entkleiden konnte, ohne dass diese Restriktion galt.

Altmann zahlte und ging. Er überquerte den Platz, drehte eine Runde durch die Sankt-Nikolaistraße, ging die Kieler Straße zurück hinauf zur Kirche. Und ging hinein. Die schwere Kühle des Innenraums griff nach ihm. Langsam strich er durch das Kirchenschiff, sah den Altar, den, wie er einem schon an der Tür mitgenommenen Prospekt entnahm, ein Mitglied der ortsansässigen Holzbildhauerfamilie Gudewerdt geschaffen hatte. Ein schöner Altar. Und Altmann vermisste die Frage, die sich vor ein paar Wochen noch zwingend ergeben hätte: Weshalb? Die fehlende Frage war wie ein Loch, war Altmann wie ein Verlust, etwas Fehlendes. Der Graf von Saint Germain soll hier begraben worden sein, las Altmann, ein Alchimist, aber kein vorsätzlicher Betrüger, wie es Cagliostro gewesen war, der sich als Schüler des Grafen ausgegeben haben soll. Ein Wässerchen gegen das Altern hat der Graf in Paris verkauft und Edelsteine für den König von Frankreich hätte er von Fehlern gereinigt. Um Frieden verhandelte er, sagt die Legende, mit Großbritannien, auf Wunsch des Roi und vorbei am Außenminister. Nach Hamburg ist er dann geflohen und weiter nach Eckernförde, wo er im Alchimistenturm, den es nicht mehr gibt, eine Seidenfärberei gründete. Gestorben sei er, weil ihm das Wetter im Norden nicht bekam – der Graf mit Erzähltalent und, wie ihm der preußische Botschafter in Dresden bescheinigte, wachem Verstand, aber ohne Urteilsvermögen. Altmann hustete.

Zum Strand, zur Weite des Meeres nach der Begrenztheit des Raumes, ans Licht, nach der Dunkelheit des Gebäudes, in die Natur, nach dem Menschengemachten. Und da, am Strand, den Blick auf die Wellen, den Blick auf ein einsames Segelschiff, das aus der Bucht läuft. Angesichts der Schönheit der Natur, nach der Schönheit der Kunst, war ihm auf eine eigenartige Art heimelig zumute, so heimelig, dass er die Kirche, ihren Geruch, ihr gedämpftes Licht, dass er die Grabmale, dass er Pflaster und Häuser, den Wind und die Kühle als etwas ansah, das er lang schon kannte und das ganz auch ihm gehörte nun und zu ihm. Altmann blickte auf seine Füße. Wohin gehen?

# Altmann und die körperliche Reaktion

Altmann erwartete eine körperliche Reaktion. Aber die kam nicht. Eine Tatsache, die ihn überraschte, verwunderte, ja, sogar, in allerdings gelindem Maße, für einen Moment verwirrte, so dass er die vorbeieilende Kellnerin nicht rief, kein ‚Kann ich bitte zahlen?‘ erschallen ließ, sondern losgelöst von der Umgebung und doch in ihr verharrend, sich ganz darauf fokussierte, die ausbleibende Reaktion zu bedauern, das nicht erfolgte Anschwellen schmerzlich zu vermissen und dieses Gefühl zu verstärken, um sich, für einige Sekunden allerdings lediglich, in Selbstmitleid sowohl, wie auch in der wohligen Gewissheit zu suhlen, jetzt zu den Männern zu gehören, die fortgeschrittenen

Alters meistens, mehr brauchten als Bild und Vorstellung, die auch Mechanik bedurften, des Griffes in die Hosentasche und ihrer Finger also, um die Reaktion hervorzurufen, die nun ausgeblieben war.

Die Frau, ein Mädchen fast noch, derentwegen er die Reaktion erwartet hatte, eigentlich des volllippigen Mundes halber, der blonden Haare wegen und der kontrastierenden Augenbrauen, saß einige Tische entfernt auf der anderen Seite des Ganges, der den Raum in eine den Fenstern nahe Seite, wo Altmann Platz genommen hatte, und eine zum Tresen und zur Backstube hin gelegene teilte. Altmann hatte sich schon immer zu Attributen dieser Art hingezogen gefühlt. Zu Lippen, die voll waren, aber nicht zu sehr, nicht in einer Weise, die sie schlauchig wirken ließ, nein, zu energischen Lippen mit einem Hang ins Weichliche, zu blonden Haaren und dunklen Brauen, zu dunklen Haaren und hellen Brauen auch, zum Kontrast also, zum unterlaufenen Gleichklang der Behaarung, zu einem Körper, der noch schlank genannt werden konnte, zu drallen Oberschenkeln, denen man ihre Kraft ansah und Augen, die voll Spott blicken konnten. Und immer hatte der Anblick von Frauen, die diese Spezifika zeitigten oder denen er sie leicht zuschreiben konnte, zu einer körperlichen Reaktion geführt. Sein Glied hatte sich versteift dann, und der Versteifung folgte, in die aufsteigende Geilheit hinein, sein Schöpfungsakt, folgten Geschichten und Imaginationen. Jetzt aber blieb all das aus. Altmann bemitleidete sich auf das Bedauern, welches er auch für sich spürbar willentlich ausübte, oben drauf, so wie man das Spiegelei aufs Hacksteak legt. Als Dreingabe und weil es gut schmeckte.

»Kann ich bitte zahlen«, rief er nun der Kellnerin zu und die eilte herbei, brachte die Rechnung, fragte, ob es geschmeckt hätte und Altmann antwortete beiläufig, aber wahrheitsgemäß: Ganz ausgezeichnet. Dann zahlte er und ging zurück in das Hotel am

Hafen. Stand am Fenster, blickte auf die Spaziergänger, suchte nach Frauen, die in jenes Schema passten, welches die Schwellkörper schwellen lassen konnte, fand keine, legte sich aufs Bett, knöpfte die Hose auf und onanierte.

# Die Alternative wäre Dorsch gewesen

*Die Alternative wäre Dorsch gewesen*, dachte Altmann. Immer Dorsch – gab es hier überall, ganz Eckernförde war dorschig, vom kleinen Hafen bis zum nahen Bahnhof, vom Strand bis zur Bundesstraße, Dorsch allenthalben. Er hatte sich Birn'-Bohn'-Speck bestellt, und schnitt, *beherzt*, dachte er: *ich schneide beherzt* vom geräucherten Schweinebauch ab.

»Vielleicht gibt es Krieg«, sagte der ältliche Mann, der in seiner ganzen Erscheinung an eine agile, in die Jahre gekommene Grundschullehrerin erinnerte, und dessen feminine Gesichtszüge Altmann auf eigentümliche Weise berührten. Einen weichen Händedruck würde der Mann haben, dachte

Altmann, einen greisigen Händedruck, kühl, weich, lappig.

»Vielleicht, ja, vielleicht, wird es Krieg geben«, antwortete er dem Alten, zog das Messer über den Bauchspeck, zerdrückte eine Kartoffel, schnitzte ein Stück der Kochbirne ab und bekam das Stück vom Obst und die zermalmten Kartoffelteile auf die Gabel, bewerkstelligte es, den Speck dazu noch aufzuspießen, scheiterte daran, dazu Bohnen auf die Gabel zu bekommen, führte das Besteckteil in den Mund, streifte den Haufen in der Mundhöhle mit geschlossenen Lippen ab, zog die Gabel wieder hinaus, kaute, schluckte, dachte daran, wie, auf welche Weise, er die Gabel zum Mund geführt hatte, stellte sich den Vorgang des Besteckführens vom Teller bis zum Mund, den Abladevorgang und die Rückführung der Gabel zum Teller genauestens vor und war erfreut, dass er sich, für eine Sekunde oder zwei, in eine so alltägliche Handlung versenken konnte.

»Ja, es wird Krieg geben«, sagte der Alte, starrte in sein Bierglas, eine Tulpe, 0,33 Liter Bier, die Schaumkrone noch gut erhalten, obwohl das Glas fast zu Zweidritteln geleert war, blickte dann auf, sah Altmann direkt an, starrte ihn an sogar, aus wasserblauen, leckenden Greisenaugen, aus androgynem Antlitz starrte er auf Altmann, der sich nun beobachtet fühlte und in dem ein unwohles Gefühl aufstieg, wie früher Nebel überm Hafen hier.

»S'ist Krieg, s'ist Krieg, oh Gottes Engel wehre«, sprach es aus den blassen Lippen des Greises und mit dem Zitat wehte ein Geruch von Bier und Zwiebeln zu Altmann herüber.

»Ich habe einmal drei Engel getroffen«, sagte Altmann.

»Matthias Claudius«, antwortete der Alte.

Altmann schwieg. Es war sinnlos, mit Menschen zu sprechen. Auch mit ihm selbst. Menschen eigneten sich nicht zur Konversation. Also schwieg er. Der Alte sagte irgendwas, aber Altmann hatte sich entschlossen nicht mehr zuzuhören. Er aß, nippte am Weißbier, aß wieder, dachte dabei an die Engel. Drei Engel. Köln. Ein paar Jahre her nun, zu einer Zeit noch, als niemand, schon gar nicht er, daran gedacht hatte, dass er, Altmann, erfolgreicher Windkraftanlagenverkäufer, Familienvater, umweltpolitisch engagiert, Mitglied in örtlichen Vereinen, Unternehmer, wohlgelitten in Darmstadt, dem irren Gedanken anheimfallen würde, alles sei nichts, sei sinnlos, sei nur deshalb da, weil Menschen Technik erschaffen können und hätte keinen eigentlichen Sinn, weil nichts einen Sinn habe. Altmann versuchte aus dem Gedanken-Tohuwabohu wieder hinauszukommen. Bloß raus da, dachte er, bloß raus aus der Gedankenkette, sonst muss ich die Tablettendosis erhöhen, natürlich nicht ohne vorher mit dem Arzt zu telefonieren, aber dann wird das nicht ausbleiben, wenn sich die Gedanken weiter verwirren und verwirrt bleiben – da muss man früh dagegendenken; und die Schläfrigkeit würde mit erhöhter Dosis wieder einsetzen.

Drei Engel, dachte er. Köln, drei Engel. Das Hotel und gegenüber die Kneipe. Er war mit seiner Geliebten dort gewesen. Der einzigen, die er je gehabt hatte, neben seiner Frau. Und die er tatsächlich geliebt hatte, ganz losgelöst von allen moralischen Skrupeln, ganz fortgenommen von Konventionen und Versprechen, ganz abseits von Ehe und Familie. Geliebt, auf eine unschuldige, vollkommene Art. Sie hatte ihn damals begleitet zum Kongress in Köln.

Das Hotel lag abseits, auf der Deutzer Seite, in einer Nebenstraße. Und gegenüber hatte, wie ein brennender Dornenbusch in dunkler Wüstennacht, das Licht der Kneipe in dunkler Straße geleuchtet. Von diesen Gedanken rutschte er, man kann sagen: wie auf Glatteis, fort in andere Gedanken, dachte an seine Schulzeit, wo man ihn anfangs drangsaliert hatte, nicht sehr, aber so stark immerhin, dass er sich bald entschloss, den Angriffen unbarmherzig entgegenzutreten.

Und so schlug er zu, wenn man ihn schubste, trat, wenn man ihn schlug, und er schuf sich Ruhe. Das hatte ihn geprägt, dieser Gedanke kam ihm jetzt, ja, das hatte etwas gepflanzt in ihn, die Erkenntnis damals, sieben oder acht war er, dass man Angriffen nicht auf der gleichen Ebene begegnen solle, sondern auf höherer. Dass auf die leichte Attacke eine mittlere Reaktion stattfinden müsse, auf die mittlere Attacke aber eine schwere und immer so weiter. Ja, das hatte seine Aktionen auch später beeinflusst, in Verhandlungen, bei Verträgen, seiner Frau gegenüber auch und seinen Freunden.

Der androgyne alte Mann war in die Ecke gerutscht, leicht quer zur Bank, so dass er sich anlehnen konnte, und las Zeitung. So lang der las, so lang drohte keine Konversationsgefahr. *Paula sah die Hauptstraße hinunter*, dachte Altmann. Warum er das dachte, wusste er nicht. Der Satz war einfach da. Altmann fand ihn gelungen. Er kannte keine Paula, oder konnte sich nicht daran erinnern, eine Paula zu kennen. *Paula sah die Hauptstaße hinunter.* Das war fast so schön, wie *Ilsebill salzte nach*. Von Grass war der Satz. Er hatte ihn unlängst irgendwo gelesen. Nicht im Buch. Vielleicht in der Zeitung. Vielleicht im Netz.

Die Engel in Köln. In der kleinen Kneipe. Sie hatten das Kölsch ausgegeben, das heißt, der große Engel hatte es spendiert, die beiden kleineren Engel hatten freundlich gelächelt und in dem Lächeln war alles, was ein Lächeln bieten kann, alles. Dann hatte man zusammen Nägeleinschlagen gespielt und die Engel hatten gewonnen. Sie waren im Vorteil. Engel sind immer im Vorteil. Dass es Engel waren wussten Altmann und seine Begleitung aber erst, als sie wieder im Hotel waren. Da hatte er aus dem Fenster geblickt; und die Kneipe lag, das Licht erloschen, die Jalousien herabgelassen, im Dunkeln. Sie war so sehr ihrem eigenen Bild entwichen, dass sie es verstärkte und es sich bei Altmann und der Frau einbrannte: Das Bild einer golden erleuchteten Kneipe in Köln, rechtsrheinisch, und darin die Drei, die alles über einen wussten, das war klar, die wussten alles, das sah man ihnen an, den Engeln.

Hier waren keine Engel. Hier waren Möven, die die kleinen Trawler und Fischerboote begleiteten. Die Vögel stürzten sich aufs Wasser, wenn die Netze eingezogen wurden. Hier wohnen Menschen, beflissene, routinierte Verkäuferinnen und Verkäufer, Apotheker, die wissen, was Touristen brauchen – Kopfschmerztabletten und etwas für den Magen, Mittel gegen Seekrankheit und gegen Sonnenbrand. Hier wohnen Maler, weil es hier malerisch ist, hier treffen sich die jungen Leute im Antifa-Cafe und beim Gänsemarkt, hier sitzen die wohlsituierten Senioren vor dem Fischteller in den Lokalen rund um die Kirche.

Jetzt, November war's nun, und kühl, ja kalt, gab es drei Wochenenden voller Kunst. Mit Jazz und Malerei, mit Literatur und Schauspiel. Das organisierte der Rat und

Altmann war auf einigen der Veranstaltungen gewesen. Es hatte ihn entspannt, für eine oder zwei Stunden fortgeleitet aus seinem Seelenverhau, diesem Schuppen, in dem er hauste, ausreichend kultiviert wieder. Das machten die Medikamente.

Altmann winkte die Kellnerin heran und zahlte.

Draußen das Kopfsteinpflaster. Fern drei Schatten, ein großer und zwei kleinere – die sich auflösten und verschwanden. Dann nur noch Häuser und das warme Licht der Laternen. Altmann ging zum Hafen. Das Wasser so blank und so schwarz. Eine schlafende Möve auf einem Poller. Spring, dachte Altmann, spring, geh unter, treib auf, später dann wieder, nimm Reißaus. Aber er sprang nicht.

# Gedichte

## Meer in Dämmerung

Das Meer in der Dämmerung,
grau ins Schwarz das Wasser schon,
der Wind atmet durch
und bläst Wellen an den Strand.
Die Segelschiffe hafenwärts,
gekrängt unter dem Druck des Windes.
Die Möwen steigen auf zum Abendflug,
gelb das Licht in den Fenstern
entfernter Häuser.
Gleißend weiß das Licht
des Marinehafens.
Grau die Fregatten.
Kein Mond.

## Wie schön der Herbst ist

Wie schön der Herbst ist ...
All die Bäume, noch grün manche,
andere blutigrot und leichengelb.
Und über sanften Hügeln
tief die Sonne.
Und still die Welt.
Und ruhig die Welt.
In diesem Herbst,
da fallen viele Träume,
wie blutigrote Blätter,
wie leichengelbes Laub,
auf feuchtes Gras, auf nasse Wiesen.
Es fällt der Traum vom Frieden auch.
Seit Mai die Wölfe allenthalben,
in allen Wäldern, auf Alleen,
in Parks und Gärten,
in Gassen und auf den Chausseen.
Es nützt nicht, ihnen zu bedeuten,
man würd' ihr Handeln ungern sehn.

Sie werden drum nicht davon lassen.
Im Herbst nicht, nicht zur Maienzeit.
Wie schön der Herbst ist.
So blutigrot, so leichengelb.

## Einsamkeit

In praktischen Wohnungen
blicken Menschen auf Monitore
und sprechen mit sich selbst.
Nachts an Tresen wird über Einsamkeit
eine Wortbrücke gelegt. Niemand
überquert sie.
Das Meer ist schön,
sagt der Mann am Strand
zu sich.
Eine Frau hält einen Kerzenständer
in einem Geschäft für Kinkerlitzchen
und spricht mit ihm.
Fernsehhelden sind die einzigen Besucher.
Buchstabe an Buchstabe über Datenleitungen.
Wort an Wort. Liebe, Hass.
In Clubs die Bässe. Die Höhen.
Kein Hochgefühl.
In Bordellen Feuchtgebiete. Abschiede.

Alle Straßen regennaß.
Alle Städte schwarz-weiß.
In praktischen Wohnungen
blicken Menschen aus dem Fenster.
Parkplatz. Rasenfläche. Baum. Kinder.
Niemand.

## Parallelgesellschaft

Sie lebten in einer Parallelgesellschaft
sagt er und zeigt auf eine Frau mit
Kopftuch.
Dann winkt er sich ein Taxi herbei.
Er habe eine Verabredung zum Essen.
Im Regent. Fischers Fritz.
Lecker dort, sagt er.
Ich solle mir seine Worte
gut merken: Parallelgesellschaft.
Dann zieht er die Tür des Taxis zu.
Ich sehe ihm nach.
Hier vorm Bahnhof Friedrichstraße
wird gebaut seit Monaten.
Ein Arbeiter trinkt einen Becher Kaffee.
Vorm Eingang von Dussmanns
Kulturkaufhaus
sitzt eine Frau und spielt Geige.
In der Sparkasse machen sich Bettler das
Bett
zur Nacht.

Er sitzt im Regent. Fischers Fritz. Sterne.
Wenn ich den Bettlern jetzt hundert Euro
gäbe,
wärs die Hälfte seiner Rechnung.

## Träume nach früher

Manchmal träumt ihr
sie wäre wieder sechzehn und schliefe
in der Wohnung ihrer Eltern
und träumte, sie wäre eine Frau
von sechzig Jahren,
gescheitert oft,
verlassen öfter,
in einer kleinen Wohnung,
mit leichter Krankheit behangen,
zermürbt von immer gleichen Tagen,
erwartungslos und aller Farbe bar,
und träumt, sie würde bald erwachen
und aufstehen, duschen, in die Schule gehen,
und erwacht dann, in einer kleinen Wohnung,
fühlt die Schmerzen in der Hüfte vielleicht,
erhebt sich schwer
und geht ans Fenster, sieht hinaus.

Die Straße ganz farblos.
Der Himmel grau.

## Für Oschi

Runter zum Hafen fuhr er manchmal.
Ein Bier an den Landungsbrücken,
Korn dazu. Und die Mütze
schräg auf dem Kopf.
Im Großmarkt hat er gearbeitet. Früher.
Die Hallen sind jetzt voll
mit Kunst und Krempel.
Wenn Du nachmittags
ins Parteibüro kamst, dann war er da.
Den Kaffee hatte er fertig.
Und auf dem großen Tisch
lagen die Zeitungen des Tages.
Lies, wenn Du willst, sagte er.
Und abends war er auch noch da.
Saß auf den Veranstaltungen.
Viel geredet hat er nie.
Das war nicht seine Sache.
Aber dafür gesorgt, dass alles rundläuft,
dass es funktioniert – das hat er.

Nachts hat er
an der kleinen Druckmaschine gestanden.
Und morgens um fünf
waren die Flugblätter fertig zum Verteilen.
Irgendwann ist er weggegangen.
Wollte in die Sonne.
Die Knochen, das Rheuma.

Hat nicht geklappt.
Wegen der fremden Sprache
und wegen der Einsamkeit.
Kam dann wieder zurück.
Natürlich saß jetzt jemand
anderes im Parteibüro.
Da hat er sich eine andere Arbeit gesucht.
Arbeit gibt es ja genug.
In der Thälmann-Gedenkstätte.
War immer da.
Brauchte er – musste was zu tun haben.
Wir sind oft gemeinsam essen gegangen,
wenn ich in Hamburg war.
Mit Simone und Peggy und Per.
Und Oschi hatte immer seine Freundin dabei.

Geredet hat er nicht viel.
Manchmal denk ich: Jetzt müsste er da sitzen.
Und man könnte zu ihm reden.
Und er hörte zu. Viel sagen würde er nicht.
Aber was er sagte, das hätte Hand und Fuß.

## Die Dunkelheit kriecht in das Licht

Die Dunkelheit kriecht in das Licht,
am Zaun die Buche
verliert sich schwarz in schwarz
vorm Abendhimmel und
die Backsteinmauer wird entrötet,
entgrünt der Rasen,
die Dinge vor dem Fenster
verlieren sich im schwarzen Nichts.
Und mit dem Schwarz,
das wie ein Schweigen ist der Farben,
mit diesem Schwarz der Nacht
bricht Stille über mich herein,
ersterben die weittragenden Geräusche
des Tages langsam.
Die Dunkelheit kriecht in das Licht,
am Zaun die Buche
verwirkt sich schwarz im Abendhimmel
und die Backsteinmauer wird entrötet,
entgrünt der Rasen,
die Dinge vor dem Fenster

vergeben sich ins schwarze Nichts.
Und mit dem Schwarz,
das wie ein Schweigen ist der Farben,
mit diesem Schwarz der Nacht
schwebt Stille sacht heran,
verebben die weittragenden Geräusche
des Tages langsam,
deckt Schwärze ihre Flügel
über die Töne und mindert sie.

# Über den Pappeln

Die Herbstsonne stieg
über die Pappeln im Hof
und wärmte mein Zimmer.
Auf NDR lief The World Is A Ghetto.
Eric Burdon sang, und vor meinem Fenster,
über den Blumen auf dem Balkon
tanzten die Bienen.
Ein Mädchen bei mir,
den Namen hab ich lang vergessen.
Ihre Haut warm oder kühl,
ihre Küsse verzagt oder wild,
unsere Körper verschlungen ohne Sicherheit.
An meiner Zimmertür leuchtete
rot und rund die Aufforderung,
Willy zu wählen.
Seit dem Frühjahr schon fiel ein GI
schwarzweiß an meiner Wand.

Why, fragte das Poster.
Bei mir war immer eine.
Die meisten Namen habe ich vergessen.
Ihre Haut warm oder kühl,
verzagt die Küsse oder
wild, unsere Körper
kehrten sich von der Welt, scherten
sich um sich, unser Leben
warfen wir in Aufbrüche.
Nichts ist vergangen.
Die Wintersonne steigt mir ins Zimmer.
Von der Festplatte meines Laptops singt
Polly Scattergood Bunny Club.

## Das Gedicht vom großen Versagen

Die Türkei hat in Kobane versagt.
Die Nato hat in Kobane versagt.
Die arabischen Staaten haben in Kobane
versagt.
Sie haben den Kurden die Hilfe versagt.
Sie haben nicht in ihrer Sache versagt.
Denn ihre Sache war das Versagen.
Und sie haben versagt.
Den Kurden die Hilfe.
Wenn man also sagt:
Die Türkei hat versagt.
Die Nato hat versagt.
Die arabischen Staaten haben versagt.
Dann muss man meinen:
Die haben den Kurden die Hilfe versagt.
Aber in ihrer Sache haben sie nicht versagt.
Und ihre Sache war: Denen da
die Zukunft zu versagen.

# Zwei Texte unklarer Art und die Geschichte von Eleonore Klappfuß, die Sachen machen kann.

# Ach, jehnse doch wech

Ach, jehnse doch wech. Nee, ick will keene Hilfe. Ick komm klar. Ja, nu lassen se ma. Hat sich bis jetzt keener nüscht um mir jekümmert. Un nu will ick nich mehr. Nee, haunse ab. Is zu spät nu.

Ja, ja, Dreck. Allet voller Dreck. Glooben Se ick bring den Müll noch zude Tonne? Det könnse knicken junga Mann. Det is nich. Nee. Det is nich mehr. Der Fahrstuhl. Dauernd im Arsch, dett Ding. Wie soll ick mit den Rollator denn die Treppen runterkomm? Wie soll det jehn? Und wat is, wenn ick mit den Fahrstuhl runter komm, aber nich wieder ruff? Soll ick denn in Hausflur kampieren? Hier is allet fürn Arsch. Sehnse sich doch um. Det is also die Zukumft von Berlin, det is de Zukumft. Nix is mit Zukumft, det lassense sich ma jesargt sein. Nix. Rinn jarnüscht. Ick sitz hier rum und lass mir den Eenkoof vonne Nachbarn bringn. Und stell den gröbsten Dreck vorde Wohnungstüre. Nimmt denn schon wer mit. Aber mehr is nich. Nee, mehr is nich. Ick bin hier eenjesperrt. Det is wie Bau. Kannste glooben. Wie Bau is det. Zehnter Stock Plattenbau und denn ohne Fahrstuhl, aber mit Rollator. Da tanzt Bolle auffm Flur. Nee, lassense ma. Hat bisher keen interessiert. Nu muss det ooch keen mehr interessieren. Is mir wurscht, is mir ditte. Ick will mir abwracken. Denn bin ick meener Stadt ebenbürtich. In Eenklang bin ick denn mit mein Berlin. Haunse ab. Suchen se sich wen andret zun Bemuttern. Haunse ab. Haunse ab. Ick jeb hier schön langsam den Löffel ab. Kommse wieder, wennt mir hinjerafft hat. Denn könnse aufräum, denn räumse ma schön meene sterblichen Überreste wech. Aber jez sehnse zu, det se Land jewinnen.

# Der Tänzer

»Siehst Du ihn tanzen? Dort. Er tanzt durch Dich. Er tanzt durch Dich hindurch.«

»Niemand tanzt«.

»Da, sieh doch, leicht wie eine Feder. Wie konzentriert sein Blick ist. Die Drehungen, wie leicht. Siehst Du es nicht?«

»Niemand tanzt. Nicht mehr. Der da tanzte, hat sich von der Welt getanzt. Fouetté en Tournant, Fouetté en Tournant in die stille, musiklose Leere, ins Nichts. Erinnerst Du Dich? Wie er sich auflöste in der Drehung noch?«

»Und tanzt doch. Sieh nur! Tanzt doch! Und die Musik. Von fern, getragen von der Windstille. Zusammengehalten von den Wolken. Und unter den Wolken ... siehst

Du die Wolken?«

»Es gibt keine Wolken mehr. Erinnerst Du Dich nicht, wir hoben sie fort. Schoben sie über den Rand. Über den Rand. Die Wolken sind gefallen. Es geht ein Wind nun immer. Knapp Sturm schon, dieser Wind. Fühlst Du ihn. Und niemand tanzt zu keiner Musik«.

»Die Wolken stehen still unter einem blauen Himmel. Und einer tanzt und tanzt durch Dich. Dazu Musik von Ferne. Dass Du nicht hörst, nicht siehst, was ich ja hör und sehe ...«

»Weil es nicht da ist. Es gibt nur uns. Und keinen Tänzer, auch Musik nicht. Der Himmel grau, ganz ohne Wolken. Nur Du. Nur ich. Und nichts.«

»Und doch gibt es den Tänzer dort und auch die Wolken. Ich seh sie doch.«

»Ich seh sie nicht. Ich sehe grau nur. Alles grau in grau. Die Welt und ihre beiden einzigen Bewohner. Dich und mich. Graue Gestalten in einem grauen runden Nichts. Und niemand mit uns, den wir nun fragen könnten: Ist dieses Grau um mich? So sähe ich wahr. Doch wär es nur in mir, so sähe ich die Wirklichkeit.«

»Der Tänzer, er tanzt durch Dich. So bunt die Welt.«

# Eleonore Klappfuß kann Sachen machen

Eleonore Klappfuß findet, dass sie einen schönen Vornamen und einen total blöden Nachnamen hat. Eleonore kann Sachen machen. Ihren Nachnamen ändern kann sie nicht, weil sie nicht weiß, was sie tun muss, damit der Nachname endlich weg wäre. Deshalb hat sie sich mit ihm abgefunden. »Wehe, ihr macht Witze über meinen Nachnamen!«, hat sie gesagt, als sie in die neue Schule kam, die gar nicht neu war, sondern schon ganz lange bestand, aber für Eleonore war sie neu und deshalb hat sie sie eine Zeitlang so genannt. Inzwischen sagt sie nur Schule zur Schule und nicht mehr neue Schule. Eleonore Klappfuß ist fünfzehn Jahre alt und macht seit fünf Jahren Sachen.

Sie weiß nicht genau, weshalb sie Sachen machen kann. Aber sie hat natürlich eine Vermutung. Und irgendwann wird sie ganz, ganz genau wissen, weshalb sie Sachen machen kann, denn Eleonore bekommt alles heraus. Sie vermutet, es hat mit dem Ring zu tun, den sie auf der Straße gefunden hat. Genau an ihrem zehnten Geburtstag war das. Der Ring lag an der Ampel. Das war noch in Hamburg. Denn früher haben Eleonore Klappfuß, ihr Vater Paul Anton Konrad Klappfuß, ihre Mutter Sabine Elke Klappfuß und sie in Hamburg gewohnt. In einer schönen Wohnung in Eppendorf. Natürlich war die schöne Wohnung nicht so schön, wie es das schöne Haus ist, in dem sie jetzt wohnen und es gab auch keinen Ostseestrand und keine Altstadt mit kleinen geduckten Häusern. Das Haus war eine der ersten Sachen die Eleonore gemacht hat. Also – der Ring. Der lag da, direkt bei dem Ampelmast neben einem Hundehaufen und einer armen kleinen Blume. Es war ein ganz schöner Ring.

Einen so schönen Ring hatte Eleonore noch nie gesehen. Nicht einmal ihre Mutter hatte einen Ring, der so schön war, wie der, den Eleonore jetzt aufhob und gegen den Himmel hielt. Der Ring war schwer und golden und der Stein in dem Ring war ganz blau, viel blauer, als alles Blau, das Eleonore kannte. Dass es so ein Blau überhaupt gab und so einen schönen Ring. Einen Moment lang dachte sie daran, den Ring einfach zu behalten, weil er ja so wunderwunderschön war. Eleonore Klappfuß hat vor nichts Angst, das heißt, vor fast nichts. Vor einem schlechten Gewissen nämlich hat sie Angst. Ein schlechtes Gewissen bohrt einem im Gehirn herum, das wusste sie, und es hört gar nicht auf, zu bohren. Und weil sie nicht wollte, dass ihr das schlechte Gewissen im Gehirn herum bohrte, gab sie den Ring auf der Polizeiwache in der Troplowitzstraße ab. Später am Tag war es, als würde jemand ihre Schulter berühren. Sie wirbelte herum, aber da war niemand.

Jedenfalls konnte sie plötzlich Sachen machen. Das wusste sie aber nicht gleich. Am Anfang erkannte sie gar nicht die Sachen, die sie machte, als die Sachen, die sie machte. Oder nicht machte. Hausaufgaben zum Beispiel, die ihr erst im Bus einfielen, wenn es schon zu spät war. Aber niemals versuchten die Lehrer ihre Hausaufgaben zu kontrollieren, wenn sie sie vergessen hatte. Oder, wenn sie eigentlich zu spät gekommen wäre, zum Fußballtraining bei Pauli zum Beispiel oder zum Chor, dann war sie trotzdem noch rechtzeitig da, weil die Trainerin eine Panne hatte oder der Chorleiter den Bus verpasste. Dass sie Sachen machen konnte, wusste Eleonore erst, als die Sache mit Klaus Hermann geschah. Klaus Hermann ist Eleonores Hund. Als die Sache passierte, hatte sie aber noch gar keinen Hund. Deshalb wusste sie ab da: Ich kann Sachen machen! Sie saß in ihrem Kinderzimmer und grummelte vor sich hin. Sie grummelte, weil ihr Vater ihr keinen Hund besorgen wollte und ihre

Mutter auch nicht. »Was fürn Hund denn überhaupt?«, fragte der Vater immer. Und immer antwortete Eleonore Klappfuß: »Eine Promsinatenmischung« (Mutter verbesserte jedes Mal: Promenadenmischung), und Eleonore wiederholte jedes Mal: »Also Promenadenmischung. So hoch ungefähr«, und sie zeigte auf die Höhe ihres Knies, was nicht sehr hoch ist, wenn man zehn Jahre alt ist. Und Vater sagte: »Aber wer soll sich denn um den Hund kümmern«. Mutter sagte: »Ich auf keinen Fall, nee, nee«. Und Eleonore antwortete: »Ich natürlich«. Ihre Eltern antworteten im Chor: »Ach Eleonore, das wird doch nichts«. Also deshalb saß Eleonore jetzt in ihrem Zimmer und grummelte. Sie stellte sich den Hund vor. Einen schwarz-weißen Hund, der mit dem Schwanz wedelte und Klaus Hermann hieß. Total doof, dass ich keinen Hund haben darf, dachte sie.

Dann kam ihr Vater heim. Und mit ihm kam: Klaus Hermann. Weil ihr Vater Rechtsanwalt ist, braucht er immer etwas länger, um Dinge zu erklären. Jedenfalls lief es darauf hinaus, dass ihr Vater einen Termin im Tierheim gehabt hatte und Klaus Hermann hatte offenbar unwiderstehlich mit dem Schwanz gewedelt und den schönsten Hundeblick aufgesetzt, den er konnte. Jetzt war er also da. Und Eleonore war unheimlich zumute.

Als sie abends im Bett lag und Klaus Hermann neben ihrem Bett vor sich hin schnarchte, da war sie sich sicher: Sie konnte Sachen machen. Zum Beispiel Klaus Hermann.

Jetzt machte Eleonore schon seit fünf Jahren Sachen. Das Haus in Eckernförde war die größte Sache bisher. Ihr Vater hatte immer wieder davon gesprochen, wie gern er in einer Kanzlei an der Ostsee arbeiten würde, auf dem Land, wie er das nannte. Und dann hatte Eleonore begonnen, daran zu denken. Sie hatte ganz intensiv daran gedacht, aber sie wusste nicht, wie das ging: Eine Kanzlei aufmachen, ein Haus kaufen, umziehen.

Deshalb klappte es so nicht. Aber Eleonore hörte sich um. Kanzlei war nicht schwer. Einfach aufmachen. Hmm ... das mit den Kunden, die Mandanten hießen, damit man Rechtsanwälte nicht mit Kaufleuten verwechselte, würde Eleonore dann schon zurecht denken. Aber das Haus. Ihr Vater müsste ja aktiv werden. Und mit dem aktiv werden und ihrem Vater war es so schwierig, wie mit dem aktiv werden und ihrer Mutter.

Man brauchte einen Makler. Soviel wusste Eleonore Klappfuß. Und der müsste Vater anrufen. Aber Makler rufen nicht einfach irgendwelche Leute an, die sie gar nicht kennen und bieten denen Häuser an. Eleonore musste also was tun.

Sie googelte nach Maklern an der Ostsee und suchte sich den mit den schönsten Häusern heraus. Dann rief sie an. Sie stellte sich die Stimme von Frau Schröder vor. Frau Schröder war die Sekretärin von Paul Anton Konrad Klappfuß. Frau Schröder konnte Eleonore nicht leiden, weil Eleonore Frau

Schröder nicht leiden konnte, was daran lag, dass Frau Schröder Eleonore nicht leiden konnte. Wer mit dem Nichtleidenkönnen angefangen hatte, wussten weder Frau Schröder noch Eleonore. Aber das war egal. Wenn man sich nicht leiden kann, kann man sich nicht leiden. Sie stellte sich also die vermaledeite Frau Schröder vor. Und tatsächlich: Ihre Stimme klang original schröderisch. »Mein Chef sucht ein hübsches, romantisches Haus an der Ostsee«, sagte die Stimme von Frau Schröder, »ich schicke ihnen gleich eine Mail. Bitte schicken Sie die Angebote nicht in die Kanzlei, sondern an die Privatadresse.« Dann stellte sich Eleonore die Mail vor. Und sie war sich sicher: Die Mail sauste gerade durch die Leitungen und kam im Büro des Maklers an.

Tatsächlich vergingen nur wenige Tage und dann brachte der Postbote einen dicken Brief mit Angeboten. Am Abend saßen alle um den Küchentisch. »Weiß einer, weshalb mir der Makler das geschickt hat? Ich kenne ihn gar nicht«, sagte der Vater. »Vermutlich will Frau Schröder, dass wir umziehen, damit sie Deinen Kompagnon für sich allein hat«, sagte Mutter. »Sozius«, antwortete der Vater. Die meisten Häuser waren nichts. Reihenhäuser, Häuser aus gelben Klinkersteinen, die Vater immer Kloklinker nannte, schieden aus. Aber dann war es da. Ein Haus von 1880, wie blau auf weiß über der Tür stand. Ein schönes, romantisches Haus, mit einem Rosenstock vor dem Eingang, in einer kleinen Gasse und Google Maps zeigte: keine 300 Meter vom Eckernförder Hafen entfernt. »Das sehen wir uns an«, sagte Eleonore. Und obwohl ihre Eltern die Sache aussichtslos fanden (»Der ganze Umzug ...«, »Wir kennen da doch keinen«, »Wie soll das bloß gehen«), wusste Eleonore Klappfuß: Es wird umgezogen werden. Denn wer Sachen machen kann, kann Sachen machen. Und Klaus Hermann wedelte dazu mit dem Schwanz und hüpfte auf den Schoß von Eleonore, um auch die Bilder sehen zu können.

»Wuff« sagte er. Und da hatte er recht. Vater kaufte das Haus vom Fleck weg, weil Mutter lauter kleine Jubelschreie ausstieß, als sie das Haus sah und dann noch mehr beim Gang durch die schöne kleine Stadt an der Ostsee. Und auch Klaus Hermann schien sich wohl zu fühlen. Zur Sicherheit markierte er die Haustür.

Eleonore saß gerade mit ihrem neuen Freund am Strand und blickte aufs Meer, als ihr die Sache mit der Mail wieder einfiel. Eleonore dachte lange nach. Dann rief sie an. Das heißt, sie rief nicht richtig an, sie stellte sich vor, sie würde ihren Freund anrufen. Sein Telefon klingelte. »Hallo«, sagte er. »Hallo« sagte die Stimme von Eleonore, »ich kann telefonieren ohne Telefon. Und ohne zu sprechen. Toll nicht?« Ihr Freund starrte sie an. »Hallo«, sagte er wieder in das Telefon, »wer ist denn da?« »Na, ich natürlich!«, sagte Eleonore. Dann gab sie ihm einen Kuss und in sein Ohr sagte sie: »Ich kann Sachen machen.« Und das kann sie, die Eleonore

Klappfuß. Nur den blöden Nachnamen, den bekommt sie irgendwie nicht weg.